学校 - sikolwa	2
旅行 - kuhamba	5
交通运输 - kwetfutsa	8
城市 - lidolobha lelikhulu	10
地形 - libala	14
餐馆 - sitolo sekudla	17
超市 - isuphamakethe	20
饮料 - tinatfo	22
食物 - kudla	23
农场 - lipulazi	27
房子 - indlu	31
客厅 - indzawo yamabonakudze	33
厨房 - likhishi	35
浴室 - likamelo lekugezela	38
儿童房 - likamelo lemntfwana	42
衣服 - timphahla tekugcoka	44
办公室 - lihhovisi	49
经济 - umnotfo	51
职业 - tikhundla	53
工具 - emathulusi	56
乐器 - insimbi yemculo	57
动物园 - i-zoo	59
体育 - temidlalo	62
活动 - imisebenti	63
家 - umndeni	67
身体 - umtimba	68
医院 - sibhedlela	72
紧急情况 - simo lesiphutfumako	76
地球 - Umhlaba	77
钟表 - liwashi	79
周 - liviki	80
年 - umnyaka	81
形状 - kubumbeka kwetintfo	83
颜色 - imibala	84
反义词 - lokwehlukile	85
数字 - tinombolo	88
语言 - tilwimi	90
谁/什么/怎样 - ngubani / ini / njani	91
方位 - kuphi	92

Impressum
Verlag: BABADADA GmbH, Nedderfeld 112 , 22529 Hamburg
Geschäftsführer / Verlagsleitung: Harald Hof
Druck: Books on Demand GmbH, In de Tarpen 42, 22848 Norderstedt

Imprint
Publisher: BABADADA GmbH, Nedderfeld 112 , 22529 Hamburg, Germany
Managing Director / Publishing direction: Harald Hof
Print: Books on Demand GmbH, In de Tarpen 42, 22848 Norderstedt

学校
sikolwa

- 除 / hlukanisa
- 黑板 / libhodi
- 教室 / likilasi
- 校园 / ligceke lesikolwa
- 老师 / thishela
- 纸 / liphepha
- 书写 / bhala
- 钢笔 / ipeni
- 办公桌 / lideski
- 直尺 / i-ruler
- 书 / incwadzi
- 学生 / umuntfu

书包
sikhwama setincwadzi tesikolwa

铅笔盒
sikhwanyana semapenisela

铅笔
ipenisela

卷笔刀
umshini wekulolo ipenisela

橡皮擦
i-rubber

画板
intfo yekudvweba

图画
umdvwebo

画笔
libhulashi lekupenda

颜料盒
libhokisi lekupenda

剪刀
tikelo

胶水
i-glue

练习册
incwadzi yekutadisha

家庭作业
umsebenti wasekhaya

数字
inombolo

加
hlanganisa

减
susa

乘
phindzaphidza

计算
bala

字母
incwadzi

字母表
feleba

字
ligama

学校 - sikolwa

 课文 umbhalo	 读 fundza	 粉笔 ishogo
 上课 sifundvo	 登记 i-register	 考试 sivivinyo sekugcina
 证书 sitifiketi	 校服 timphahla tesikolwa	 教育 imfundvo
 百科全书 i-ensaklopheda	 大学 inyuvesi	 显微镜 sipopolo
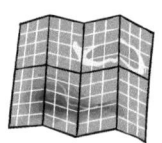 地图 libalave	 废纸筐 libhakede lekulahla emaphepha	

学校 - sikolwa

旅行
kuhamba

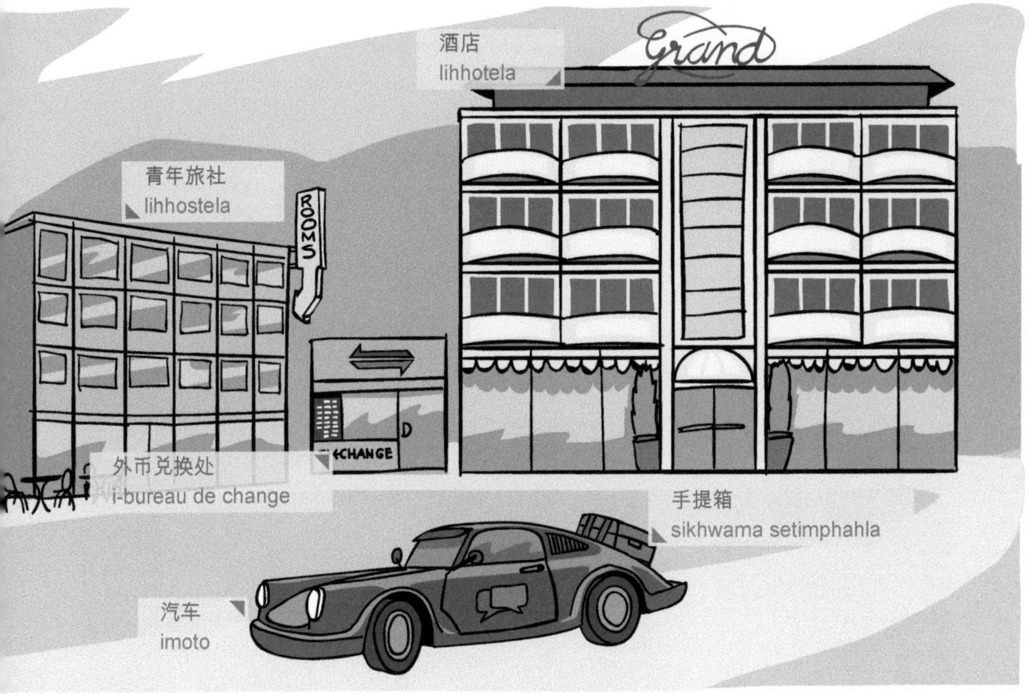

酒店
lihhotela

青年旅社
lihhostela

外币兑换处
i-bureau de change

手提箱
sikhwama setimphahla

汽车
imoto

语言
lulwimi

是/否
yebo / cha

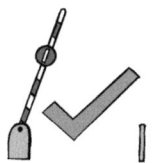

好的
Kulungile

您好
sawubona

翻译员
umhumushi

谢谢
Siyabonga

……多少钱？
ingumalini i....?

我不明白
angivisisi kahle

问题
inkinga

晚上好！
Lishonile!

早上好！
Kusile!

晚安！
Ulale kahle!

再见
sala kahle

方向
sicondziso

行李
umtfwalo

包
sikhwama

双肩包
sikhwama lesigacwako

客人
sivakashi

房间
likamelo

睡袋
sikhwama sekulala

帐篷
lithende

旅行 - kuhamba

旅游信息
imininingwane yetivakashi

海滩
ibhishi

信用卡
likhadi lemali

早餐
kudla kwasekuseni

午餐
kudla kwasemini

晚餐
kudla kwantsambama

票
lithikithi

电梯
i-lift

邮票
sitembu

边界
umcele

海关
emakhasimende

大使馆
i-embasi

签证
i-visa

护照
ipasipoti

交通运输
kwetfutsa

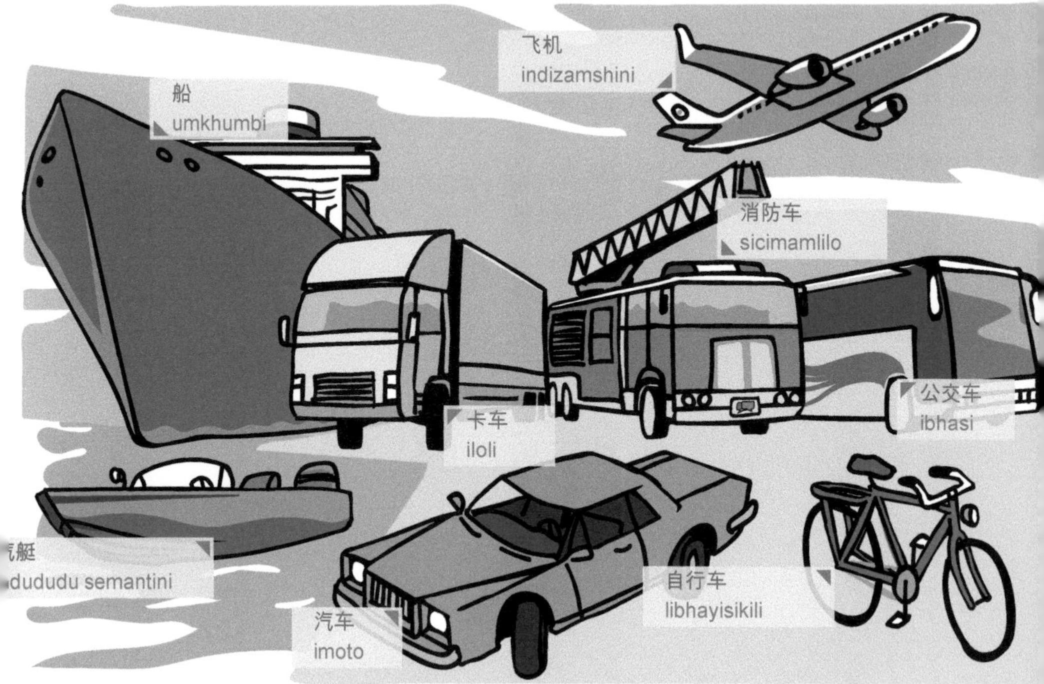

飞机 indizamshini
船 umkhumbi
消防车 sicimamlilo
卡车 iloli
公交车 ibhasi
汽艇 dududu semantini
汽车 imoto
自行车 libhayisikili

摆渡船
i-ferry

小船
sikebhe

摩托车
sidududu

警车
imoto yemaphoyisa

赛车
imoto yemjaho

租车
imoto yekucashisa

拼车
kubolekana imoto

拖车
i-breadown

垃圾车
iloli yetibi

发动机
imoto

汽油
phethiloli

加油站
ligalaji laphethiloli

交通标志
luphawu lwemgwaco

交通
incumbi yetimoto

交通堵塞
incumbi yetimoto letime emngwacweni

停车场
ipaki yemoto

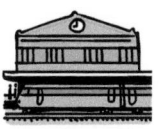

火车站
siteshi sesitimela

轨道
imizila

火车
sitimela

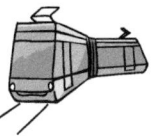

电车
i-tram

货车
inkalishi

交通运输 - kwetfutsa

直升机
indiza lenaphephela emhlane

机场
sikhungo setindiza

塔
imoto yekudvonsa letibhajiwe

乘客
bagibeli

集装箱
intfo yekutfwala

纸板箱
likhathoni

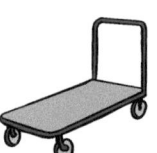

手推车
i-cart

篮子
bhasikidi

起飞/降落
kusuka / kwehla

城市
lidolobha lelikhulu

村庄
umuti

市中心
ekhatsi nelidolobha

房子
indlu

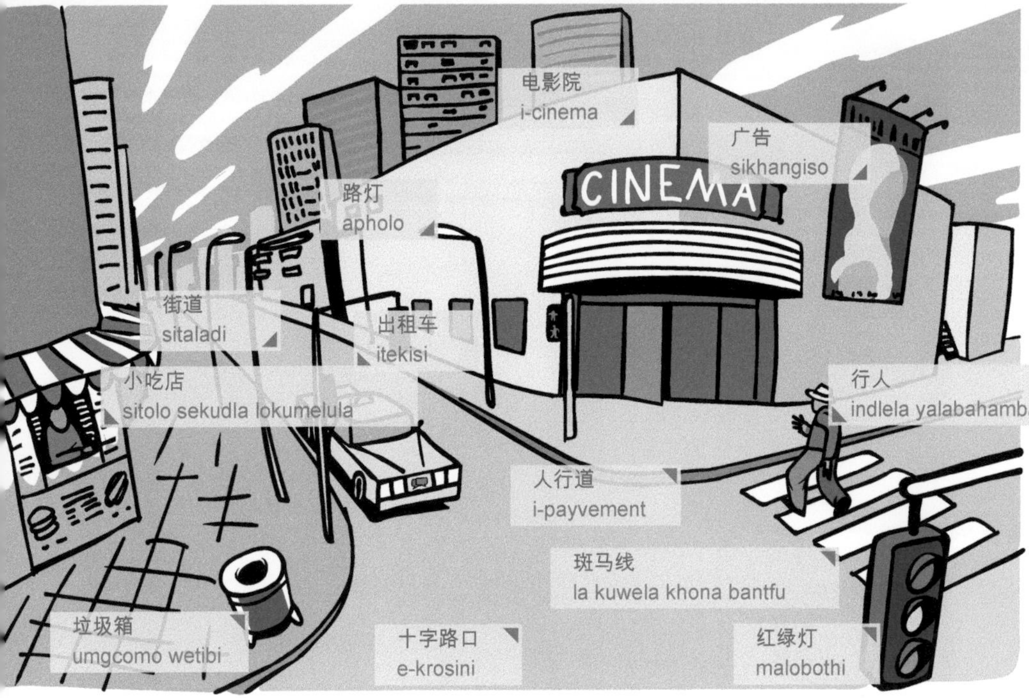

电影院 i-cinema

广告 sikhangiso

路灯 apholo

街道 sitaladi

出租车 itekisi

行人 indlela yalabahamba

小吃店 sitolo sekudla lokumelula

人行道 i-payvement

斑马线 la kuwela khona bantfu

垃圾箱 umgcomo wetibi

十字路口 e-krosini

红绿灯 malobothi

小屋
gucasthandaze

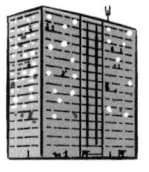

公寓
lifulethi

火车站
siteshi sesitimela

市政厅
lihholwa lasedolobheni

博物馆
imnyusiyamu

学校
sikolwa

城市 - lidolobha lelikhulu

大学
inyuvesi

银行
libhange

医院
sibhedlela

酒店
lihhotela

药房
ikhemisi

办公室
lihhovisi

书店
sitolo setincwadzi

商店
sitolo

花店
lotsengisa timbali

超市
isuphamakethe

市场
imakethe

百货商店
litiko letitolo

鱼店
batsengisi betimfishi

购物中心
luchungechuge lwetitolo

海港
sikhungo

公园
lipaki

长凳
libhentji

桥
libhuloho

楼梯
titezi

地铁
ngephansi kwemhlaba

隧道
umhume

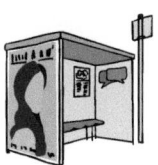

公交车站
siteshi sebhasi

酒吧
sitolo setjwala

餐馆
sitolo sekudla

邮筒
libhokisi leliposi

路标
luphawu lwemgwaco

停车计时器
umshini lobala sikhatsi sekupaka

动物园
i-zoo

游泳馆
i-swimming pool

清真寺
lisontfo lemasulumane

城市 - lidolobha lelikhulu

农场
lipulazi

污染
kugcolisa umoya

墓地
emathuna

教堂
lisontfo

操场
inkhundla yetemidlalo

寺庙
lithempeli

地形
libala

树叶 licembe

指示牌 luphawu lwemgwaco

路 indlela

草地 umshiya

石头 litje

树 sihlahla

徒步旅行者 lohamba indlela lendze ngetinyawo

河 umfula

草 tjani

花 imbali

峡谷
sihosha

山
ligcuma

湖
lidanyana

森林
lihlatsi

沙漠
lihlane

火山
intsabamlilo

城堡
umhlambi wetinkhomo

彩虹
umushi wenkhosatane

蘑菇
likhowa

棕榈树
sihlahla semphayini

蚊子
imbuzulwane

苍蝇
kundiza

蚂蚁
intfutfwane

蜜蜂
inyosi

蜘蛛
sayobi

地形 - libala

甲虫
inkhubabulongo

青蛙
sicoco

松鼠
chakijane

刺猬
ingungumbane

野兔
lolunye luhlobo lwalogwaja

猫头鹰
sikhova

鸟
inyoni

天鹅
i-swan

野猪
ingulube yesiganga

鹿
inyamatane

麋鹿
i-moose

水坝
lidamu

风力发电机
i-wind turbine

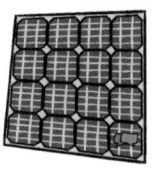

太阳能电池板
i-solar panel

气候
simo selitulu

餐馆
sitolo sekudla

服务员 — waiter
菜单 — luhla lwekudla
椅子 — situlo
汤 — lisobho
披萨饼 — i-pizza
餐具 — tipuni imimese netimfologo
桌布 — indvwangu yelitafula

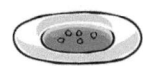

前菜
kudla lokusicalo

主菜
kudla locinile

甜点
idizethi

饮料
tinatfo

食物
kudla

瓶子
libhodlela

快餐
kudla lokusheshako

街边小吃
kudla kwasemngwacweni

茶壶
ligedlela lelitiye

糖盒
indishi yashukela

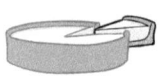

一份饭菜
incenye

意式咖啡机
umshini we-espresso

高脚椅
situlo lesiphakeme

账单
ibhili

托盘
li-tray

刀
umukhwa

餐叉
imfologo

勺子
sipuni

茶匙
sipuni lesincane

餐巾
ithishu yetandla

玻璃杯
ligilasi

餐馆 - sitolo sekudla

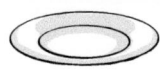
碟子
lipuleti

汤盘
lipuleti lelisobho

碟子
lipringi

酱
i-sauce

盐瓶
libhodvo lasawoti

胡椒磨
i-pepper mill

醋
niniga

食用油
emafutsa awoyela

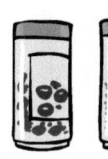
调味料
tipayisi

番茄酱
i-ketchup

芥末
i-mustard

蛋黄酱
mayonasi

超市

isuphamakethe

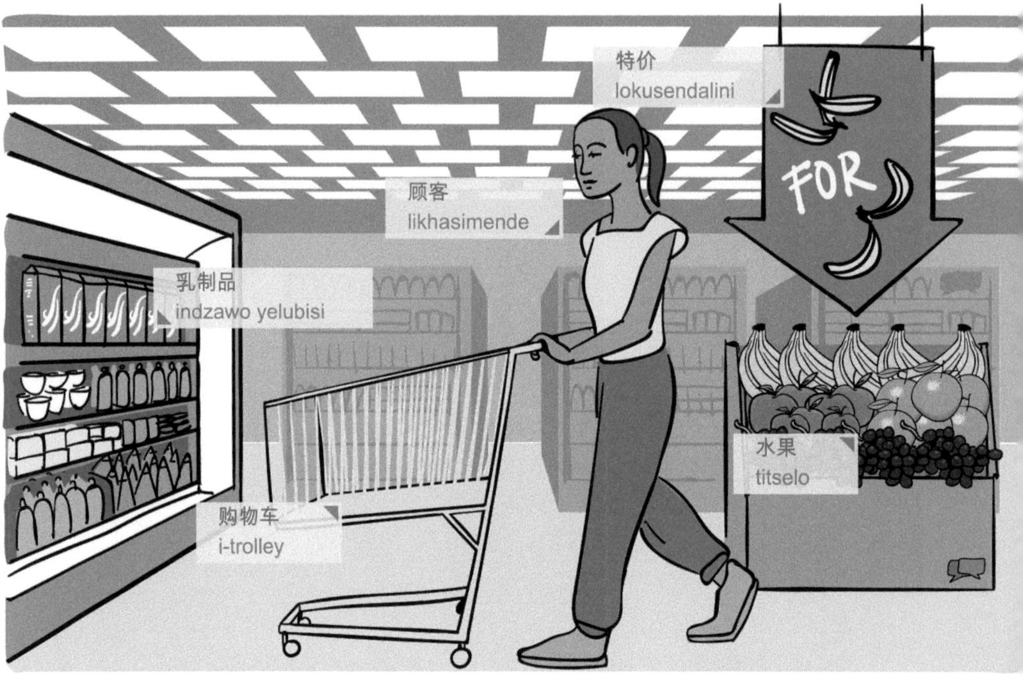

特价
lokusendalini
顾客
likhasimende
FOR
乳制品
indzawo yelubisi
水果
titselo
购物车
i-trolley

BUTCHERS

肉铺

ibhushari

BAKERY

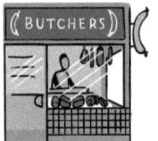

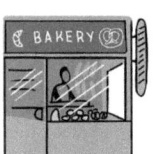

面包房

i-baker

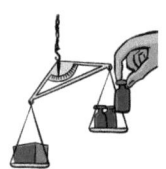

称重

kala

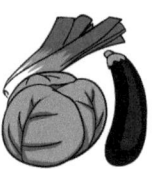

蔬菜

tibhidvo

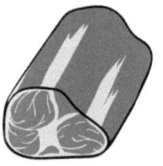

肉

inyama

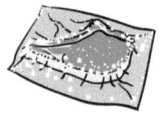

冷冻食品

kudla lokucandzisiwe

冷盘
inyama lebandzako

罐头食品
kudla likusemathinini

洗衣粉
insipho yekuwasha

甜食
emaswidi

日用品
tintfo tasekhaya

清洁用品
imitsi yekukolobha

销售员
umuntfu lotsengisako

收银机
endzaweni yekubhadala

收银员
umtsengisi

购物清单
uhla lwetintfo tekutsengwa

开放时间
ema-awa ekuvula

钱包
sipatji

信用卡
likhadi lemali

袋子
sikhwama

塑料袋
sikhwama seshekhasi

超市 - isuphamakethe

饮料
tinatfo

水
emanti

果汁
ijuzi

牛奶
lubisi

可乐
ikhokhi

红酒
liwani

啤酒
ibhiya

酒
tjwala

可可
ikhokho

茶
litiye

咖啡
likhofi

意式浓缩咖啡
i-espresso

卡布奇诺
i-cappuccino

食物
kudla

香蕉
bhanana

苹果
lihhabhula

橙子
liwolintji

西瓜
melon

柠檬
ilemoni

胡萝卜
emavondlela

大蒜
galiki

竹子
i-bamboo

洋葱
anyanisi

蘑菇
emakhowa

坚果
emantongomane

面条
ema-noodles

意大利面条
sipageti

米饭
lilayisi

沙拉
isaladi

薯条
emashibusi

炸土豆
emazambane lafrayiwe

披萨饼
i-pizza

汉堡包
i-burger

三明治
isengwishi

炸猪排
inyama lefulawe netimvitsi tesinkhwa

火腿
i-ham

萨拉米
isalami

香肠
livosi

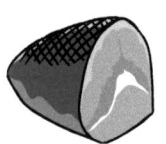
鸡肉
inyama yenkhukhu

烤肉
lokufrayiwe

鱼
imfishi

燕麦片
i-oats

穆兹利
imusili

玉米片
ema-cornflakes

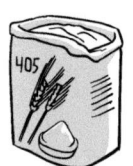
面粉
fulawa

羊角面包
ema-croissant

面包卷
sinkhwa

面包
sinkhwa

烤面包
linkhwa lesithosiwe

饼干
emabhisikidi

黄油
bhotela

凝乳
i-curd

蛋糕
likhekhe

蛋
emacandza

煎蛋
emacandza lafulayiwe

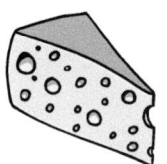
奶酪
ishizi

食物 - kudla

冰激凌
i-ice cream

糖
shukela

蜂蜜
luju

果酱
jamu

巧克力酱
shokolethi

咖喱饭
ikheri

农场
lipulazi

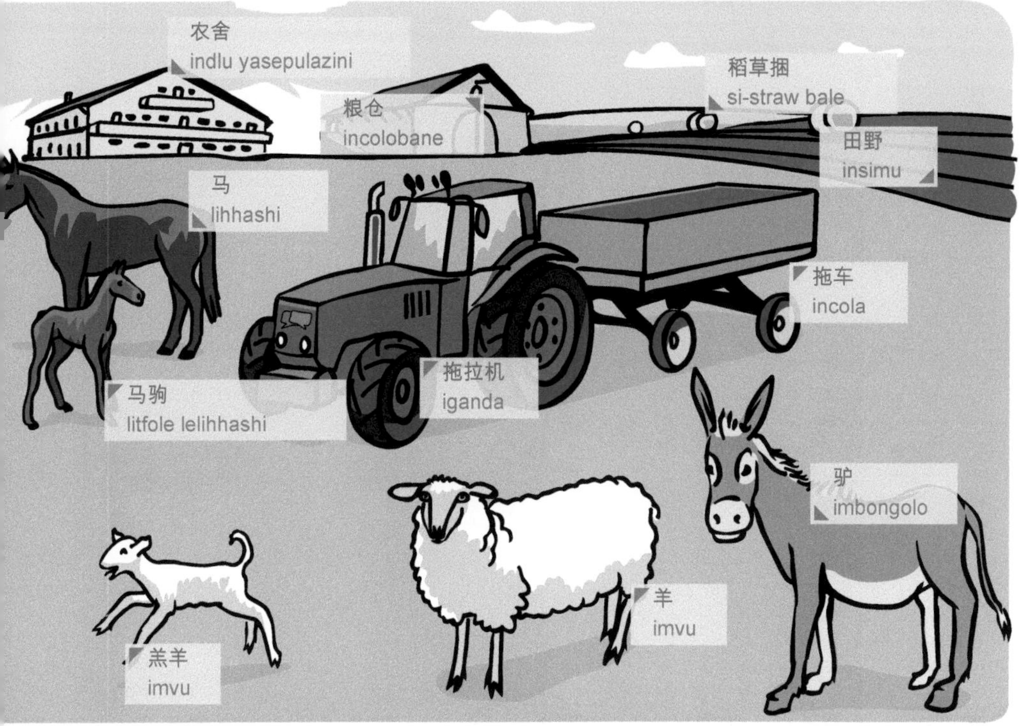

农舍 — indlu yasepulazini
粮仓 — incolobane
稻草捆 — si-straw bale
田野 — insimu
马 — lihhashi
拖车 — incola
马驹 — litfole lelihhashi
拖拉机 — iganda
驴 — imbongolo
羔羊 — imvu
羊 — imvu

山羊
imbuti

奶牛
inkhomo

牛犊
litfole

猪
ingulube

小猪
ingulutjana

公牛
inkhunzi

鹅
lihansi

鸭
lidada

小鸡
lintjwele

母鸡
sikhukhukati

公鸡
lichudze

鼠
ligundvwane

猫
likati

老鼠
ligundvwane lelincane

牛
inkhunzi

狗
inja

狗屋
indlu yenja

花园浇水软管
liphayiphi lemanti asengadzini

洒水壶
libhakede lemanti

长柄大镰刀
i-scythe

犁
likhuba leganda

镰刀
lisikela

锄头
likhuba

长柄草耙
imfologo yetjani

斧头
lizembe

独轮手推车
libhala

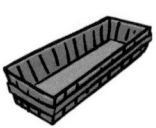
饲料槽
litrofula

牛奶罐
iromkani

麻布袋
lisaka

栅栏
ifenisi

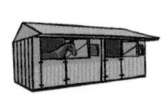
马厩
sitebele

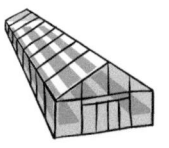
温室
indlu leluhlata

土壤
umhlabatsi

种子
imbewu

肥料
sivundzisi

联合收割机
bavuni

农场 - lipulazi

收割
vuna

收割
sivuno

山药
i-yams

小麦
likhula

大豆
isoyi

土豆
lizambane

玉米
sibhuluja sembila

油菜籽
i-rapeseed

果树
sihlahla setitselo

树薯
bhatata

谷物
ema-cereals

房子
indlu

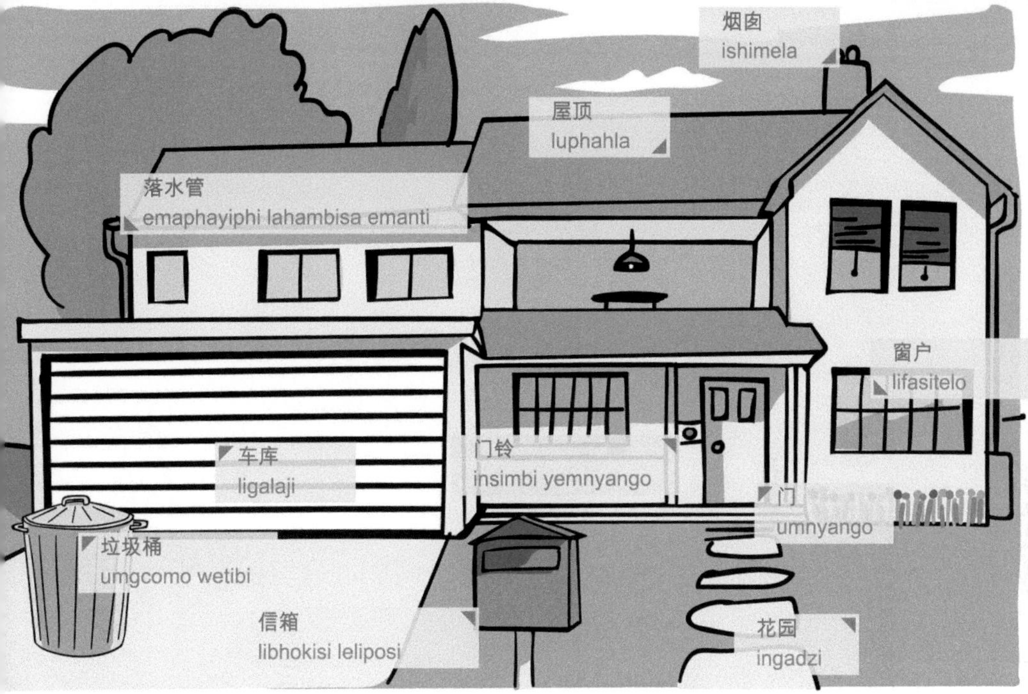

- 烟囱 — ishimela
- 屋顶 — luphahla
- 落水管 — emaphayiphi lahambisa emanti
- 窗户 — lifasitelo
- 车库 — ligalaji
- 门铃 — insimbi yemnyango
- 门 — umnyango
- 垃圾桶 — umgcomo wetibi
- 信箱 — libhokisi leliposi
- 花园 — ingadzi

客厅
indzawo yamabonakudze

浴室
likamelo lekugezela

厨房
likhishi

卧室
likamelo

儿童房
likamelo lemntfwana

餐厅
ligumbu lekudlela

房子 - indlu

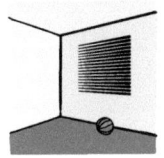
地板
siyilo

墙壁
lubondza

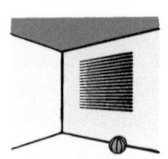
吊顶
isilingi

地窖
i-cellar

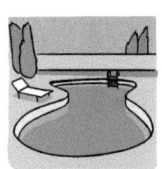
桑拿
i-sauna

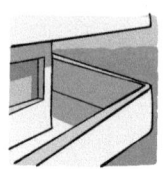
阳台
umpheme

露台
libala

游泳池
lidamu lekududa

割草机
umshini wetjani

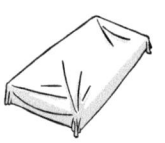
被单
lishidi

床罩
ibhedspredi

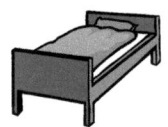
床
umbhedze

扫帚
umshanelo

水桶
libhakede

开关
iswishi

房子 - indlu

客厅
indzawo yamabonakudze

- 壁纸 — i-wallpaper
- 照片 — sitfombe
- 台灯 — sibane
- 搁架 — lishelufa
- 橱柜 — likhabethe
- 壁炉 — likahela
- 电视机 — mabonakudze
- 花 — imbali
- 垫子 — ikhushini
- 花瓶 — ivasi
- 沙发 — sofa
- 遥控器 — irimothi

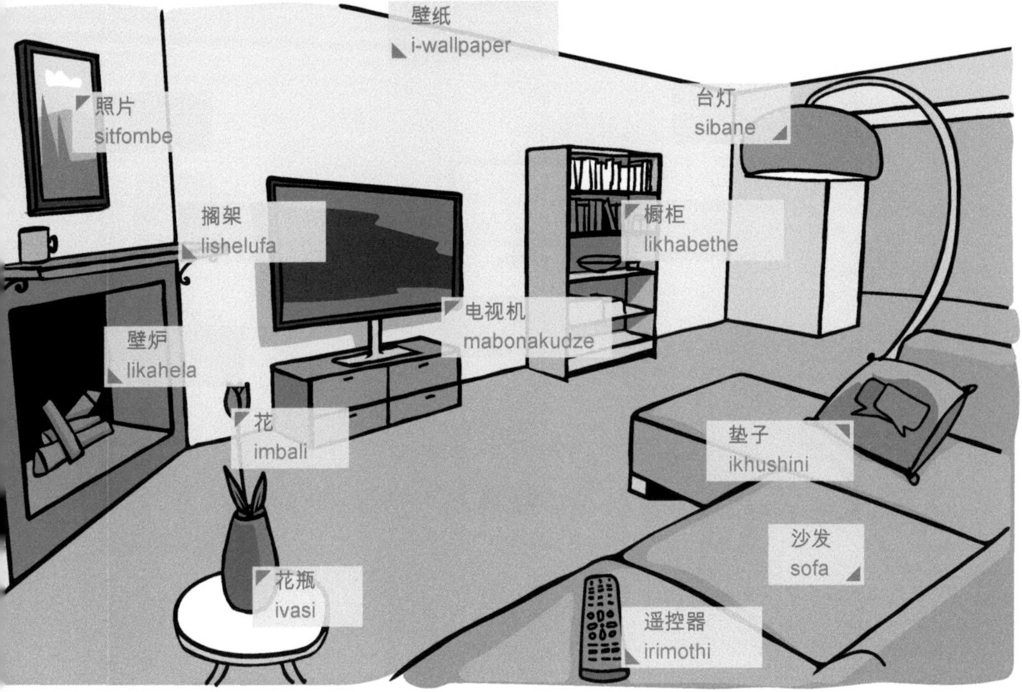

地毯
imadi yendlu

窗帘
likhetheni

餐桌
litafula

椅子
situlo

摇椅
situlo sangephandle

扶手椅
situlosemikhono

客厅 - indzawo yamabonakudze

书
incwadzi

毯子
ingubo

装饰品
umhlobiso

木柴
tinkhuni tekubasa

电影
lifilimu

高保真音响
igumbagumba

钥匙
tikhiya

报纸
liphephandzaba

油画
pende

海报
likhadi laselubondzeni

收音机
iwayilensi

笔记本
kwekutsa emaphuzu

吸尘器
i-hoover

仙人掌
sitjalo lokutsiwa yi-cactus

蜡烛
likhandlela

客厅 - indzawo yamabonakudze

厨房
likhishi

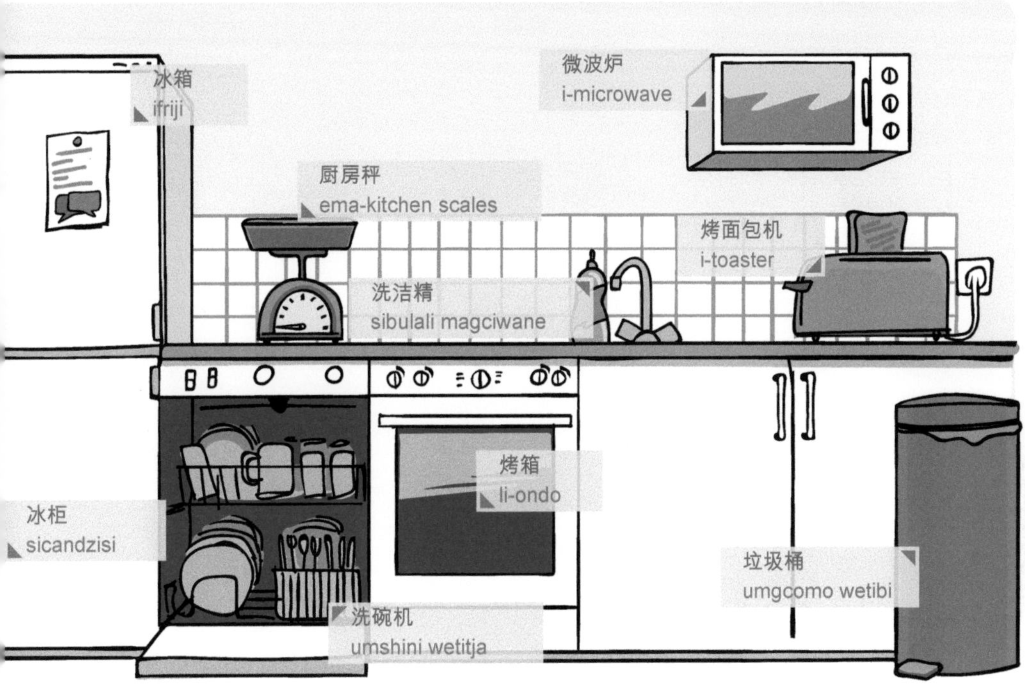

- 冰箱 — ifriji
- 微波炉 — i-microwave
- 厨房秤 — ema-kitchen scales
- 烤面包机 — i-toaster
- 洗洁精 — sibulali magciwane
- 冰柜 — sicandzisi
- 烤箱 — li-ondo
- 垃圾桶 — umgcomo wetibi
- 洗碗机 — umshini wetitja

炊具
umpheki

锅
libhodvo

铸铁锅
i-cast-iron pot

炒锅
i-wok /kadai

平底锅
lipani

水壶
ligedlela

厨房 - likhishi

蒸锅
i-steamer

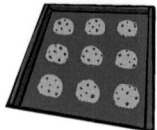
烤盘
lipani lekubhaka

陶瓷锅
i-crockery

马克杯
imagi

碗
indishi

筷子
tindvukwana tekujuba

长柄勺
i-landle

铲子
si-spatula

搅拌器
i-whisk

滤网
i-strainer

筛子
i-sieve

磨碎机
i-grater

研钵
i-mortar

烧烤
i-barbecue

明火
umlilo lovulekile

厨房 - likhishi

菜板
libhodi lekujuba kudla

擀面杖
i-rolling pin

开瓶器
i-corkscrew

罐子
likani

开罐器
lithulusi lekuvala likani

隔热手套
intfo yekubeka emabhodvo

水槽
izinki

刷子
libhulashi

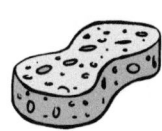
海绵
sipontji

搅拌机
i-blender

冷藏箱
i-deep freezer

奶瓶
libhodlela lemntfwana

水龙头
impompi

厨房 - likhishi

浴室
likamelo lekugezela

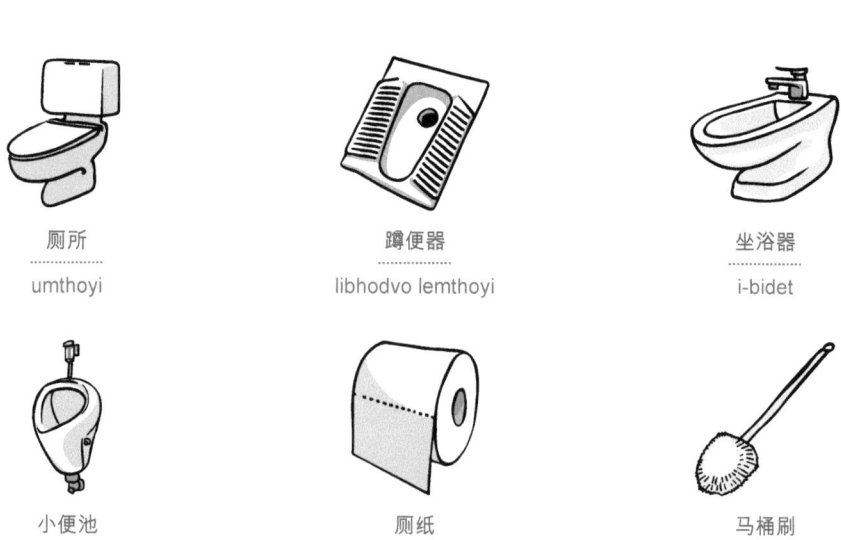

供暖设备 — kwekutfutfumeta
淋浴 — i-shower
毛巾 — lithawula
浴帘 — likhetheni le-shower
泡沫浴 — insipho yemagwebu
浴缸 — impompi yelibhavu
玻璃杯 — ligilasi
洗衣机 — umshini wekuwasha
水龙头 — impompi
瓷砖 — emathayili
便壶 — i-potty
水槽 — izinki

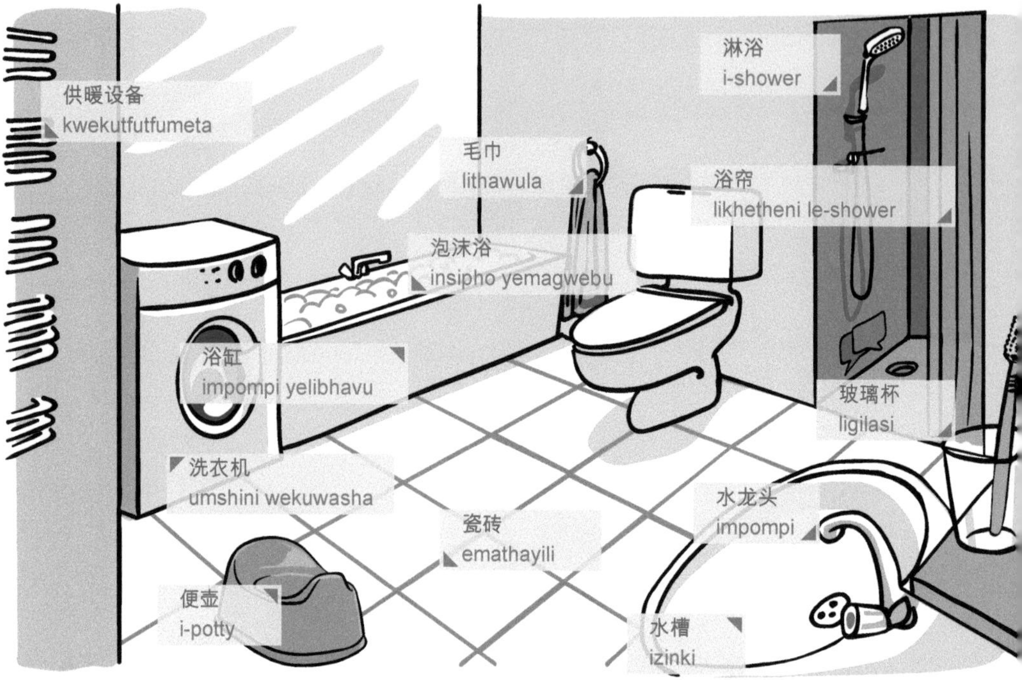

厕所 — umthoyi

蹲便器 — libhodvo lemthoyi

坐浴器 — i-bidet

小便池 — umnchamo

厕纸 — ithishu

马桶刷 — libhulashi lemthoyi

38　　浴室 - likamelo lekugezela

牙刷
libhulashi lematinyo

牙膏
insipho yematinyo

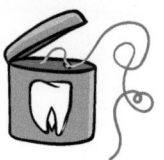

牙线
intsambo yekuhlanta ematinyo

洗
washa

手持式喷淋头
liphayiphu le-shower lelibanjwa ngetandla

冲洗器
i-douche

洗脸盆
i-basin

擦背刷
libhulashi lemgogodla

肥皂
insipho lecinile

沐浴露
i-gel ye-shower

洗发水
insipho yemagwebu

法兰绒
i-flannel

排水
kwekuhambisa emanti

乳霜
i-cream

除臭剂
emakha emakhwapha

浴室 - likamelo lekugezela

镜子

sibuko

手镜

sibuko lesincane

剃须刀

i-razor

剃须泡沫

emagwebu ekushefa

须后水

kwegcobisa ngemuva kwekushefa

梳子

i-comb

刷子

libhulashi

吹风机

kwekomisa tinwele

喷发定型剂

kwekufutsa tinwele

化妆品

kwekutimomonya

唇膏

i-lipstick

指甲油

pende wetingalo

化妆棉

i-cotton wool

指甲剪

sikelo setingalo

香水

emakha

浴室 - likamelo lekugezela

洗漱包
ikhwama setintfo tekugeza

凳子
situlo

计重秤
sikali sesisindvo

浴袍
kwekugcoka nawugeza

橡胶手套
emagilavu e-rubber

卫生棉条
i-tampon

卫生巾
lithawula lekuhlanta

化学厕所
imitsi yekukolobha umthoyi

儿童房

likamelo lemntfwana

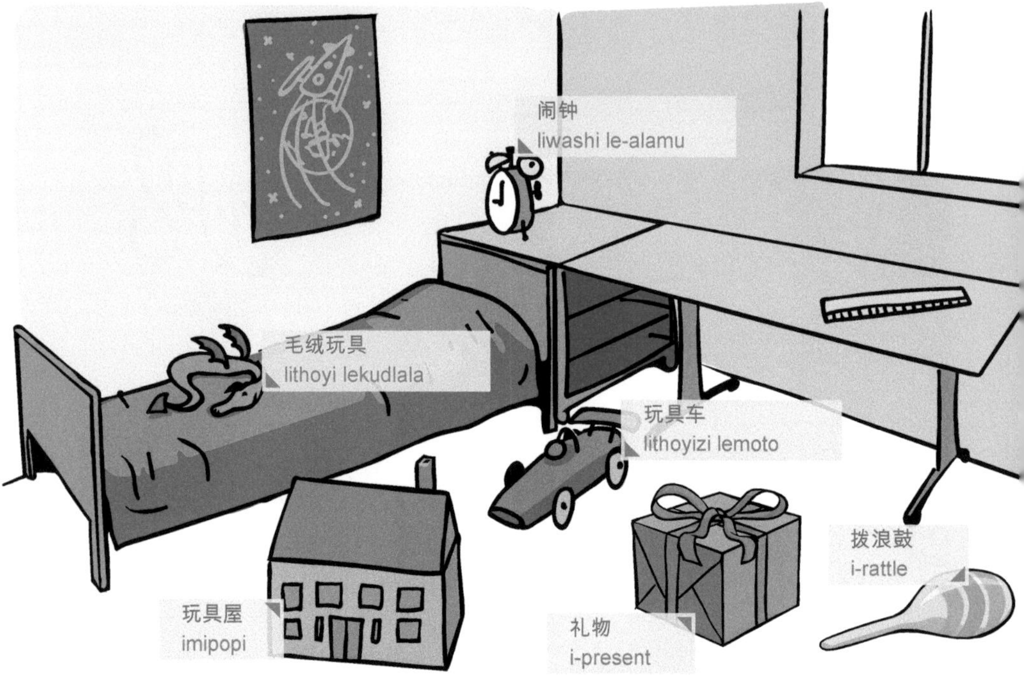

闹钟
liwashi le-alamu
毛绒玩具
lithoyi lekudlala
玩具车
lithoyizi lemoto
拨浪鼓
i-rattle
玩具屋
imipopi
礼物
i-present

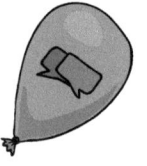

气球

ibhaluni

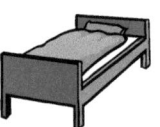

床

umbhedze

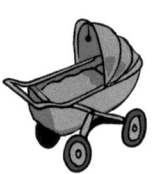

（洋娃娃用）婴儿车

ipram

扑克牌

emakhadi ekudlala

拼图

i-jigsaw

SUPER
MEGA

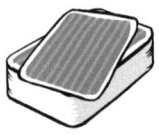

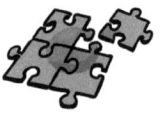

漫画

i-comic

乐高积木
emabloko e-lego

积木玩具
emabloko ekwakha

玩具人
i-actionfigure

婴儿服
kukhula kwemntfwana

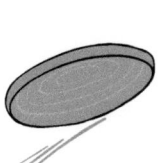

飞盘
i-frisbee

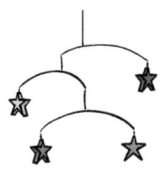

床铃玩具
i-mobile

棋盘游戏
ibhodi yemdlalo

骰子
lidayisi

火车模型
isethi yemathoyizi etitimela

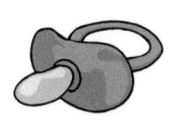

安抚奶嘴
i-dummy

聚会
i-party

绘本
incwadzi yetitfombe

球
ibhola

洋娃娃
nodoli

玩
dlala

儿童房 - likamelo lemntfwana

沙坑
umgodzi wemhlabatsi

秋千
umjikeli

玩具
emathoyizi

游戏机
umshini wemdlalo wema-video

三轮车
masondvontsatfu

泰迪熊
umdoli welibhele

衣柜
ihhodrobhu

衣服
timphahla tekugcoka

袜子
emakawosi

长袜
ema-stockings

紧身裤
umtjopi

衣服 - timphahla tekugcoka

身体
umtimba

裤子
emabhuluko

牛仔裤
ibhokathi

短裙
sikedi

女式衬衫
liblawosi

衬衫
liyembe

套头衫
i-pullover

卫衣
i-hoodie

西装夹克
libhantji

夹克
silamba

外套
lijazi

雨衣
lijazi lemvula

套装
i-costume

连衣裙
lilogo

婚纱
likogo lemshado

衣服 - timphahla tekugcoka

西装
isudi

睡袍
i-gown yasebusuku

睡衣
emabhijamu

莎丽
i-sari

头巾
sikafu

包头巾
i-turban

波卡
i-burqa

卡夫坦
i-kaftan

(阿拉伯式)长袍
i-abaya

泳衣
timphahla tekududa

男式泳裤
ema-anda

短裤
emabhuluko lamafishane

运动服
i-treksudi

围裙
liphinifa

手套
emaglavu

衣服 - timphahla tekugcoka

纽扣
inkinobho

眼镜
tibuko

手链
buhlalu

项链
umgaco

戒指
indandatho

耳环
emacici

便帽
likepisi

衣架
i-hanger yelijazi

帽子
sigcoko

领带
thayi

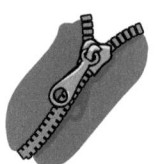

拉链
iziphu

头盔
sivikelo senhloko

背带
kwekusekela sitfo semtimba

校服
timphahla tesikolwa

制服
inyunifomu

衣服 - timphahla tekugcoka

围兜
i-bib

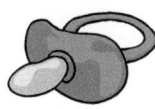
安抚奶嘴
i-dummy

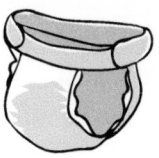
尿不湿
linabukeli

办公室
lihhovisi

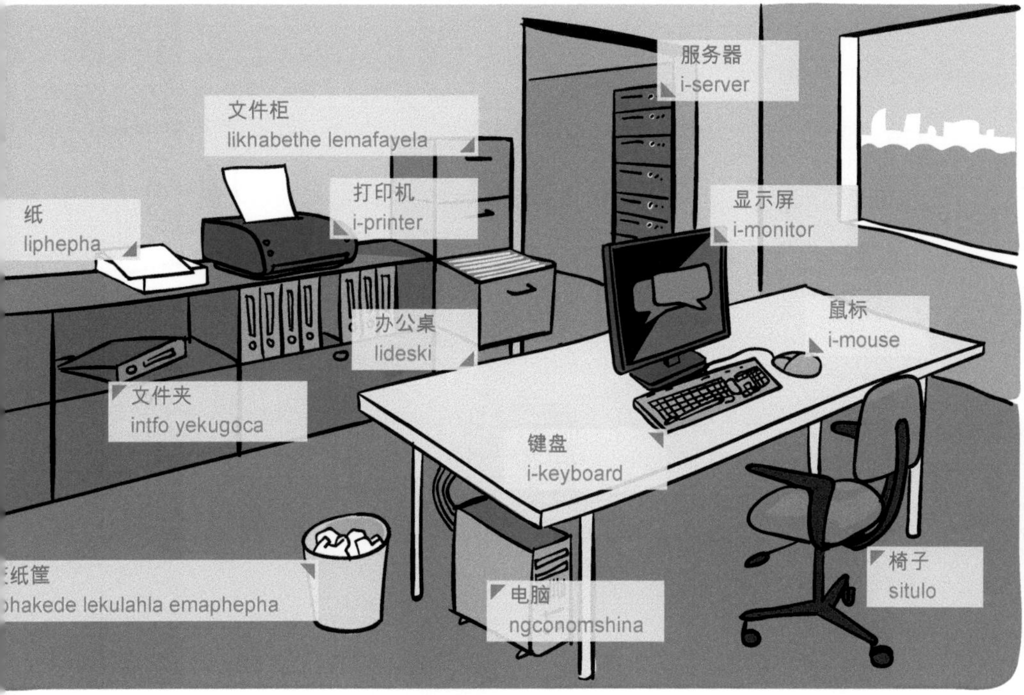

服务器 — i-server
文件柜 — likhabethe lemafayela
打印机 — i-printer
显示屏 — i-monitor
纸 — liphepha
鼠标 — i-mouse
办公桌 — lideski
文件夹 — intfo yekugoca
键盘 — i-keyboard
椅子 — situlo
废纸篮 — sihlakede lekulahla emaphepha
电脑 — ngconomshina

咖啡杯
likomishi lelikofi

计算器
i-calculator

因特网
i-inthanethi

办公室 - lihhovisi

笔记本电脑
i-laptop

信件
incwadzi

消息
umlayeto

手机
i-mobile

网络
i-network

复印机
umshini wekwenta emakhophi

软件
i-software

电话
lucingo

插座
liplaliki lagesi

传真机
umshini wekufeksa

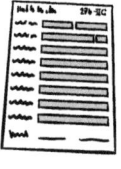
表格
lifomu

文件
liphepha

办公室 - lihhovisi

经济
umnotfo

买
tsenga

付钱
bhadala

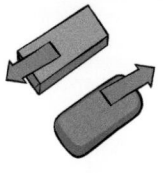
交易
beka imali

现金
imali

美元
li-dollar

欧元
li-euro

日元
li-yen

卢布
li-rouble

瑞士法郎
i-Swiss franc

人民币
i-renminbi yuan

卢比
i-rupee

提款处
umshini wemali

外币兑换处
i-bureau de change

金
ligolide

银
lisiliva

石油
woyela

能源
emandla

价格
linani

合同
sivumelwano

税金
umtselo

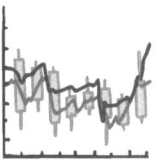
股票
sitoko

工作
sebenta

职员
sisebenti

老板
umcashi

工厂
ifemu

商店
sitolo

经济 - umnotfo

职业

tikhundla

警官
liphoyisa

消防员
umcimimlilo

厨师
umpheki

医生
dokotela

飞行员
umshayeli wetindiza

园丁
losebenta engadzini

木匠
ummbati

裁缝
umtfungi

法官
mehluleli

化学家
khemisi

演员
umlingisi

职业 - tikhundla

公交车司机
umshayeli webhasi

出租车司机
umshayeli wekhumbi

渔夫
umdvobi

清洁女工
limedi

屋顶工
umfuleli

服务员
waiter

猎人
umtingeli

画家
mapendani

面包师
umbhaki

电工
gesana

建筑工人
meselane

工程师
sonjiniyela

屠夫
umtsengisi wenyama

水管工
somaphayiphi

邮递员
lohambisa liposi

士兵
lisotja

建筑师
umdvwebi wemapulani

收银员
umtsengisi

花农
umtsengisi wetimbali

理发师
losebenta ngetinwele

售票员
umbhidisi

机械师
mekhenikha

船长
kaputeni

牙医
dokotela wematinyo

科学家
sosayensi

拉比
rabi

伊玛目
imam

和尚
monk

牧师
umfundisi

职业 - tikhundla

工具
emathulusi

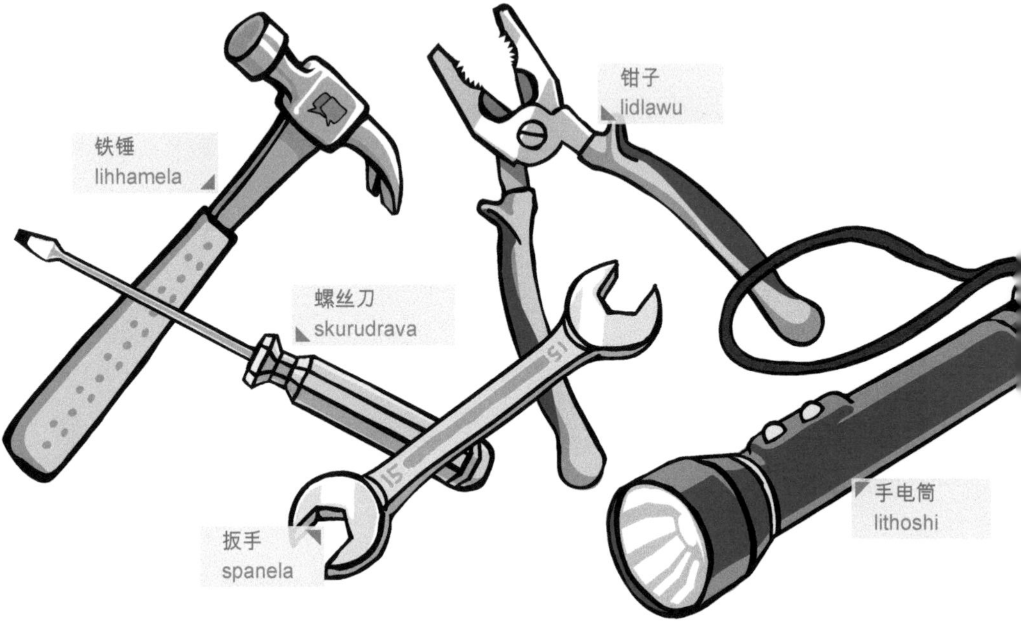

铁锤
lihhamela

钳子
lidlawu

螺丝刀
skurudrava

扳手
spanela

手电筒
lithoshi

挖掘机
lifosholo

工具箱
libhokisi lemathulusi

梯子
lilele

锯子
lisaha

钉子
tipikili

钻机
umshini wekwenta timbobo

修
lungisa

铲子
lifosholo

靠！
i-Damni!

簸箕
lipani lekuwola tibi

油漆桶
likani lapende

螺丝
tikruzi

乐器
insimbi yemculo

打击乐器
ikhithi yemadramu

扬声器
sipika lesikhulu

吉他
lugitali

低音提琴
lugitali lolukhulu

小号
i-trumpet

钢琴
i-piano

小提琴
ivayolini

贝斯
ibhesi

定音鼓
i-timpani

鼓
emadramu

电子琴
i-keyboard

萨克斯管
i-saxohone

长笛
ifluthi

麦克风
umbhobho

动物园
i-zoo

入口 / umnyango wekungena

老虎 / ingwe

笼子 / lihhoko

斑马 / lidvuba

动物饲料 / kupha tilwane kudla

熊猫 / ipanda

动物 / tilwane

大象 / indlovu

袋鼠 / ikangaru

犀牛 / bhejane

大猩猩 / igorila

熊 / libhele

骆驼
likamela

鸵鸟
i-ostrishi

狮子
libhubesi

猴子
imfene

火烈鸟
i-flamingo

鹦鹉
iparoti

北极熊
libhele

企鹅
iphejini

鲨鱼
shaka

孔雀
iphigogo

蛇
inyoka

鳄鱼
ingwenya

动物园管理员
umgcini tilwane

海豹
isili

美洲豹
i-jaguar

动物园 - i-zoo

矮种马
poni

豹
ingwe

河马
imvubu

长颈鹿
indlulamitsi

老鹰
lusweti

野猪
ingulube yesiganga

鱼
imfishi

龟
lifundvu

海象
i-warasi

狐狸
jakalazi

羚羊
inyamatane

体育
temidlalo

橄榄球 — libhola letinyawo laseMelika
骑自行车 — umdlalo wemabhayisikili
网球 — itenesi
篮球 — i-basketball
游泳 — kududa
拳击 — umdlalo wetibhakela
冰球 — umdlalo waselichweni

英式足球 — libhola letinyawo

羽毛球 — i-badminton

田径 — tingijimi

手球 — libhola letandla

滑雪 — umdlalo wekuntjuza

马球 — i-polo

活动
imisebenti

- 跳 gcuma
- 拥抱 gona
- 笑 hleka
- 走路 hamba
- 唱 hlabela
- 做梦 liphupho
- 祈祷 thantaza
- 亲吻 cabuza

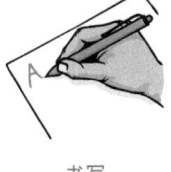

书写
bhala

画
tsatsa

展示
khombisa

推
fuca

给
nika

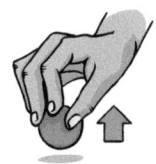

拿
tsatsa

有
tsatsa

做
yenta

当
be

站
sukuma

跑
gijima

拉
dvonsa

扔
jika

摔倒
wani

躺
cala emanga

等待
mani

携带
tsatsa

坐
hlala

穿衣
yembatsa

睡觉
lala

醒来
vuka

看
buka

哭
khala

抚摸
shaya

梳头
kama

交谈
khuluma

明白
condza

问
buta

听
lalela

喝
natsa

吃
dlani

清理
gcogca

爱
tsandza

做饭
pheka

开车
shayela

飞
ndiza

活动 - imisebenti

航行
ntjuza

计算
bala

读
fundza

学习
fundza

工作
sebenta

结婚
shada

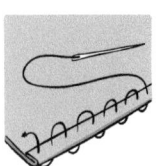
缝
tfunga

刷牙
kugeza ematinyo

杀
bulala

抽烟
bhema

寄
tfumela

家
umndeni

祖母 gogo
祖父 mkhulu
父亲 babe
母亲 make
婴童 umntfwana
女儿 indvodzakati
儿子 indvodzana

客人
sivakashi

阿姨
anti

叔叔
malume

兄弟
umnaketfu

姐妹
sisi

家 - umndeni

身体
umtimba

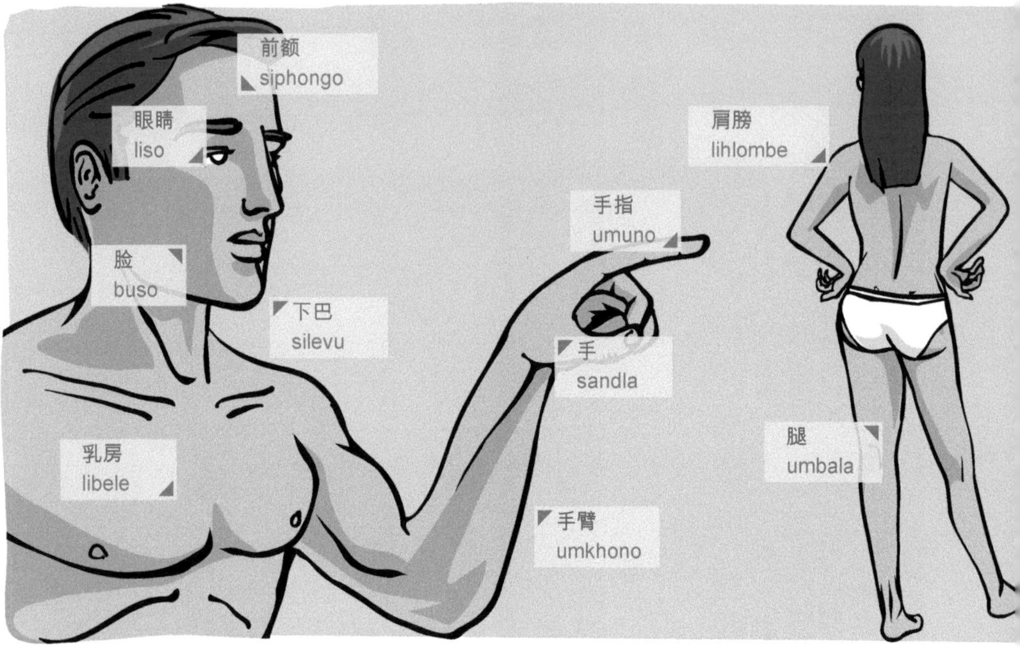

- 前额 ▶ siphongo
- 眼睛 liso
- 脸 ▶ buso
- 乳房 libele ▶
- ▶ 下巴 silevu
- 肩膀 lihlombe ▶
- 手指 umuno ▶
- ▶ 手 sandla
- ▶ 手臂 umkhono
- 腿 umbala ▶

婴童

umntfwana

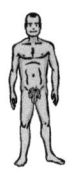

男人

indvodza

女人

umfati

女孩

intfombatane

男孩

umfana

头

inhloko

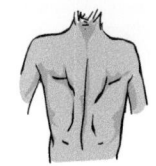
背部
emuva

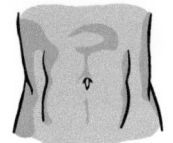
肚子
umkhatjana

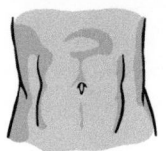
肚脐
sibhono

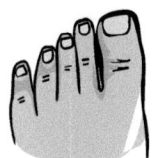
脚趾
luzwane

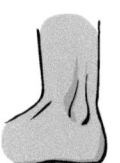
脚后跟
sitsendze

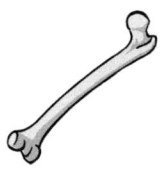
骨头
litsambo

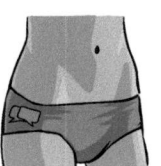
臀部
litsanga

膝盖
lidvolo

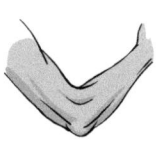
手肘
ingcosa

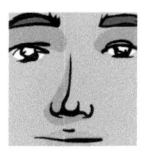
鼻子
imphumulo

屁股
entansi

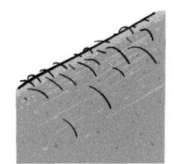
皮肤
sikhumba

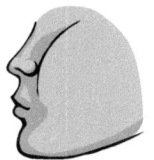
脸颊
sihlatsi

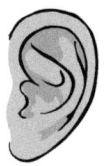
耳朵
indlebe

嘴唇
indzebe

身体 - umtimba

嘴
umlomo

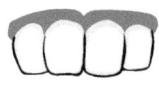
牙齿
litinyo

舌头
lilimi

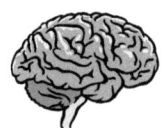
脑
bucopho

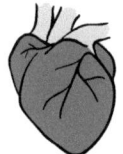
心脏
inhlitiyo

肌肉
umsipha

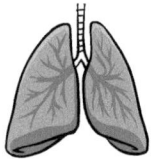
肺
liphaphu

肝脏
sibindzi

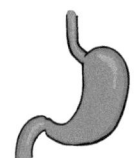
胃
sisu

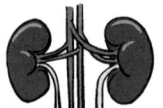
肾脏
tinso

性交
kulalana

避孕套
lijazi lemkhwenyana

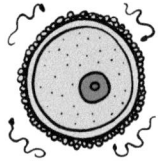
卵子
licandza lentalo

精子
sidvodza

怀孕
kukhulelwa

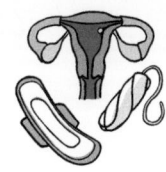
月经
kuya esikhatsini

阴道
ligolo

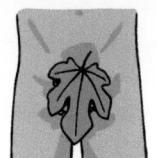
阴茎
umpipi

眉毛
inkhophe

头发
lunwele

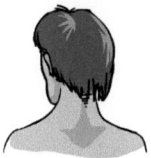
脖子
intsamo

身体 - umtimba

医院
sibhedlela

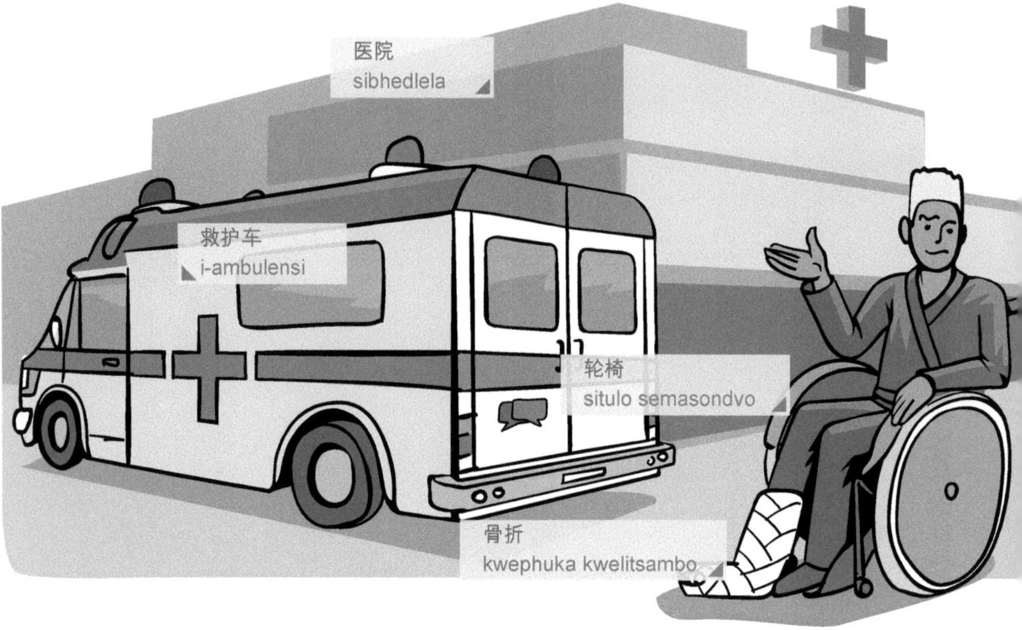

医院
sibhedlela

救护车
i-ambulensi

轮椅
situlo semasondvo

骨折
kwephuka kwelitsambo

医生
dokotela

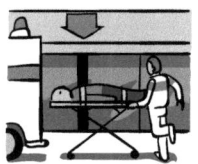

急诊室
ligumbi letimo letiphutfumako

护士
nesi

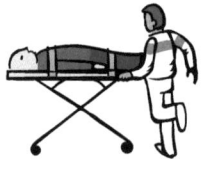

紧急情况
simo lesiphutfumako

昏迷
kucaleka

痛
buhlungu

受伤
kulimala

出血
kopha

心脏病发作
kuhlaselwa sifo senhlitiyo

中风
kufa luhlangotsi

过敏
i-aleji

咳嗽
kukhwehlela

发烧
kushisa

流感
umkhuhlane

腹泻
kusheka

头痛
kubulawa yinhloko

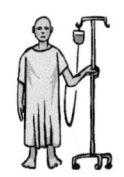
癌症
umdlavuza

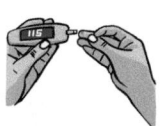
糖尿病
kuba nashukela

外科医生
dokotela

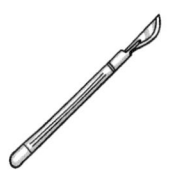
手术刀
umukhwa wekusika wabodokotela

手术
kusikwa

医院 - sibhedlela

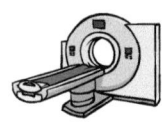
CT
i-CT

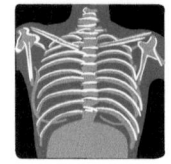
X光
i-x ray

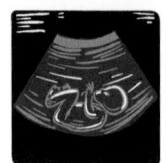
超声波
umsindvo

口罩
sifonyo

疾病
sifo

候诊室
ligumbi lekulindza

拐杖
indvuku yekuhamba

石膏
i-plaster

绷带
ibhandishi

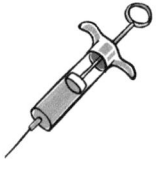
注射
umjovo

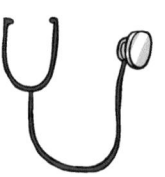
听诊器
lithulusi labodokotela lekulalela inhlitiyo

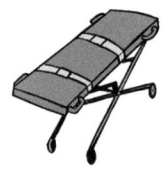
担架
luhlaka

体温计
kwekuhlola lizinga lemuntfu lekushisa

出生
kutalwa

超重
kunona kakhulu

医院 - sibhedlela

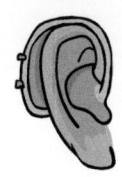
助听器
insita tekuva etindlebeni

消毒液
sibulali magciwane

感染
kwesuleleka ngesifo

病毒
ligciwane

艾滋病
i-HIV / AIDS

药物
umutsi

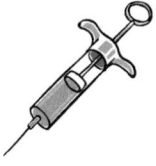
接种疫苗
kugoma

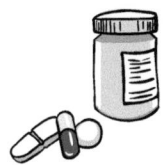
药片
emaphilisi

药丸
liphilisi

急救电话
lucingo loluphutfumako

血压计
sicaphi semfutfo wengati

生病/健康
gula / umcemane

紧急情况
simo lesiphutfumako

救命！ Lusito!	 警报 i-alamu	 突击 kuhlukumeta
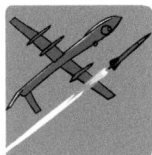 攻击 kuhlasela	 危险 ingoti	 紧急出口 umnyango wekuphuma nakuphutfuma
	 灭火器 sicishamlilo	 意外 ingoti
着火啦！ Umlilo		
 急救箱 ikhidi yelusito lwekucala	 呼救信号 SOS	 警察 emaphoyisa

地球
Umhlaba

欧洲
i-Europe

北美洲
iNyaktfo YeMelika

南美洲
iNingizimu YeMelika

非洲
i-Afrika

亚洲
i-Asia

澳洲
i-Australia

大西洋
i-Atlantic

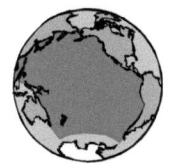
太平洋
i-Pacific

印度洋
i-Idian Ocean

南冰洋
i-Antarctic Ocean

北冰洋
i-Arctic Ocean

北极
Ligumbi laseNyakatfo

南极
Ligumbi laseNingizimu

南极洲
iAntarctica

地球
Umhlaba

陆地
indzawo

海
lwandle

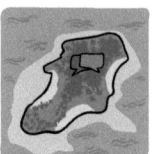
岛
sichingi

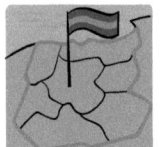
国家
sive

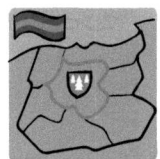
国家
umbuso

钟表
liwashi

钟面
buso beliwashi

时针
li-awa

分针
imizuzu

秒针
imizuzwana

现在几点？
sikhatsi sini nyalo?

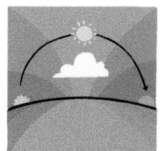
天
lusuku

时间
sikhatsi

现在
nyalo

电子表
liwashi lesimanjemanje

分
umzuzu

时
li-awa

周
liviki

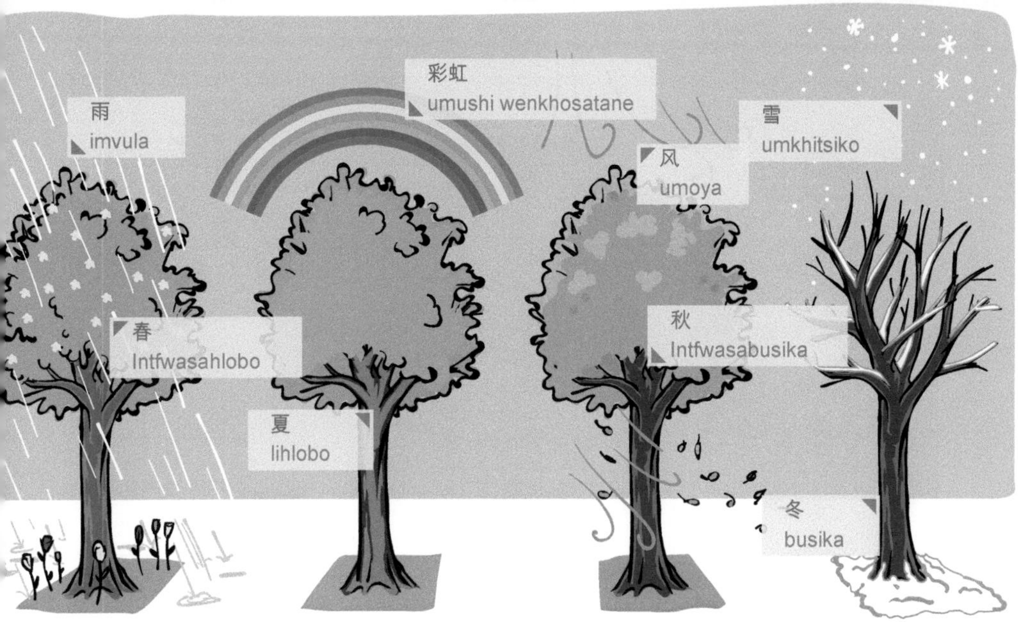

年
umnyaka

雨 imvula

彩虹 umushi wenkhosatane

雪 umkhitsiko

风 umoya

春 Intfwasahlobo

夏 lihlobo

秋 Intfwasabusika

冬 busika

天气预报
simo selitulo

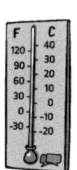

温度计
kwekuhlola lizinga lekushisa

阳光
kubalela

云
emafu

雾
inkhungu

潮湿
umswakamo

闪电
umbane

打雷
umbane

风暴
kudvuma lobunebungoti

冰雹
sangcotfo

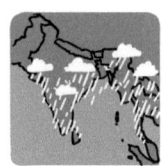
季风
inyeti

洪水
tikhukhula

冰
lichwa

一月
Bhimbidvwane

二月
Indlovana

三月
Indlovulenkhulu

四月
Mabasa

五月
Inkhwenkhweti

六月
Inhlaba

七月
Kholwane

八月
Ingci

年 - umnyaka

九月
Inyoni

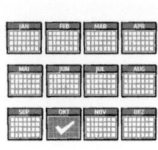
十月
Imphala

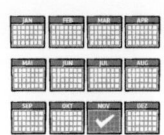
十一月
Lweti

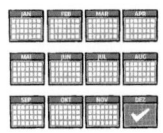
十二月
Ingongoni

形状
kubumbeka kwetintfo

圆形
indingiliza

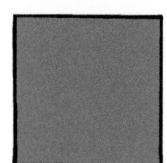
正方形
sikwele

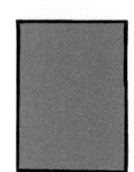
长方形
umdvwebo lonetinhlangotsi letindze letilinganako

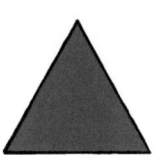
三角形
ncantsatfu

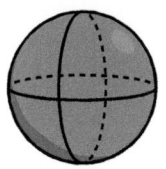
球体
i-sphere

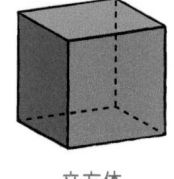
立方体
ikhiyubhu

颜色
imibala

白
kumhlophe

黄
phuti

橙
sheli

粉
kupinki

红
kubovu

紫
kunsomi

蓝
luhlata

绿
luhlata njengetjani

棕
loku-brown

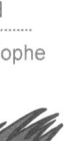

灰
mtfubi

黑
mnyama

反义词
lokwehlukile

很多/少许

kunyenti / kuncane

生气/平静

kutfukutsela / kwehlisa umoya

美/丑

buhle / bubi

首/尾

sicalo / siphetfo

大/小

bukhulu / buncane

明/暗

kukhanya / bumnyama

兄弟/姐妹

bhuti / sisi

干净/肮脏

kuhloba / kungcola

完整/缺失

kuphelela / kungapheleli

白天/晚上

imi / busuku

死/生

kufa / kuphila

宽/窄

kubanti / kuncane

可食用/非食用

lokudliwako / lokungadliwa

邪恶/善良

inhlitiyo lembi / umusa

兴奋/无聊

kutsakasa / kudvumala

胖/瘦

sidudla / umcondvo

第一/最后

kwekucala / kwekugcina

朋友/敌人

umngani / sitsa

满/空

kugcwala / kute lutfo

硬/软

kucina / kutsamba

重/轻

kusindza / kulula

饿/渴

kulamba / koma

生病/健康

gula / umcemane

非法/合法

kungabi semtsetfweni / kuba semtsetfweni

聪明/愚笨

kuhlakanipha / bulima

左/右

sencele / sekudla

近/远

dvutane / khashane

新/旧
lokusha / lokudzala

没有/有些
kute lutfo / kunalokutsite

老/幼
budzala / busha

开/关
uyasebenta / akusebenti

打开/合上
kuvulekile / kuvalekile

安静/吵闹
kuthula / umsindvo

富/穷
kunjinga / kuphuya

对/错
kulungile / akukalungi

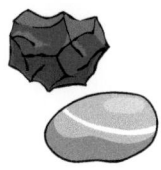
粗糙/光滑
kuyahhedla / kuyashelela

伤心/高兴
kuva buhlungu / kujabula

短/长
kufishane / kudze

慢/快
kunwabuka / kushesha

湿/干
kumanti / komile

温暖/凉爽
kufutfumele / kusivuvu

战争/和平
imphi / kuthula

数字
tinombolo

0 零 indilinga

1 一 kunye

2 二 kubili

3 三 kutsatfu

4 四 kune

5 五 sihlanu

6 六 sitfupha

7 七 sikhombisa

8 八 siphohlongo

9 九 yimfica

10 十 lishumi

11 十一 lishumi nakunye

12
十二
lishumi nakubili

13
十三
lishumi nakutsatfu

14
十四
lishumi nakune

15
十五
lishumi nesihlanu

16
十六
lishumi nesitfupha

17
十七
lishumi nesikhombisa

18
十八
lishumi nesiphohlongo

19
十九
lishumi nemfica

20
二十
emashumi lamabili

100
百
likhulu

1.000
千
inkhulungwane

1.000.000
百万
sigidzi

语言
tilwimi

英语
Singisi

美式英语
Singisi saseMelika

普通话
SiMandarini seseShayina

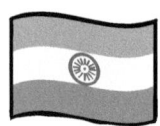

印地语
SiHindi

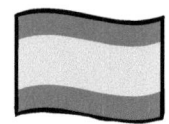

西班牙语
Sipanishi

法语
SiFulentji

阿拉伯语
Si-Arabu

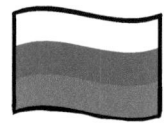

俄语
SiRashiya

葡萄牙语
SiPhuthukezi

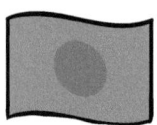

孟加拉语
SiBhengali

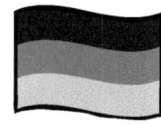

德语
SiJalimane

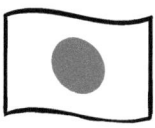

日语
SiJapane

谁/什么/怎样
ngubani / ini / njani

我
Mine

你
wena

他/她/它
yena / yona

我们
tsine

你们
nine

他们
bona

谁？
bani?

什么？
ini?

怎样？
njani?

哪里？
kuphi?

什么时候？
nini?

名字
libito

方位
kuphi

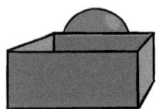

后面
ngemuva

里面
ekhatsi

前面
embi kwe

上方
ngenhla

上面
etulu

下面
ngephansi

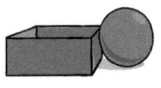

旁边
eceleni

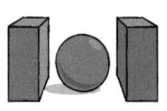

中间
emkhatsini

地点
indzawo